AF452937

ORGANISATION

DU

CONSERVATOIRE

DE MUSIQUE.

TABLE.

RÈGLEMENT DU CONSERVATOIRE.

ORGANISATION
DU
CONSERVATOIRE DE MUSIQUE.

LOI

Portant établissement d'un CONSERVATOIRE DE MUSIQUE à Paris pour l'enseignement de cet art.

Du 16 Thermidor, an 3.ᵉ de la République française, une et indivisible.

LA CONVENTION NATIONALE, après avoir entendu le rapport de ses Comités d'instruction publique et des finances, DÉCRÈTE :

ARTICLE PREMIER.

Le Conservatoire de Musique, créé sous le mom d'*Institut national* par le décret du 18 brumaire, an deuxième de la République, est établi dans la commune de Paris pour exécuter et enseigner la Musique.

Il sera composé de cent quinze artistes.

II. Sous le rapport d'exécution, il est employé à célébrer les fêtes nationales ; sous le rapport d'enseignement, il est chargé de former les élèves dans toutes les parties de l'art musical.

III. Six cents élèves des deux sexes reçoivent gratuitement l'instruction dans le Conservatoire.

A

Ils sont choisis proportionnellement dans tous les Départemens.

IV. La surveillance de toutes les parties de l'enseignement dans ce Conservatoire, et de l'exécution dans les fêtes publiques, est confiée à cinq inspecteurs de l'enseignement, choisis parmi les compositeurs.

V. Les cinq inspecteurs de l'enseignement sont nommés par l'Institut national des sciences et arts.

VI. Quatre professeurs, pris indistinctement parmi les artistes du Conservatoire, en forment l'administration, conjointement avec les cinq inspecteurs de l'enseignement.

Ces quatre professeurs sont nommés et renouvelés tous les ans par les artistes du Conservatoire.

VII. L'administration est chargée de la police intérieure du Conservatoire, et de veiller à l'exécution des décrets du Corps législatif ou des arrêtés des autorités constituées relatifs à cet établissement.

VIII. Les artistes nécessaires pour compléter le Conservatoire, ne peuvent l'être que par la voie du concours.

IX. Le concours est jugé par l'Institut national des sciences et arts.

X. Une bibliothèque nationale de Musique est formée dans le Conservatoire ; elle est composée d'une collection complète des partitions et ouvrages traitant de cet art, des instrumens antiques ou étrangers, et de ceux à nos usages qui peuvent par leur perfection servir de modèles.

XI. Cette bibliothèque est publique, et ouverte à des époques fixées par l'Institut national des sciences et arts, qui nomme le bibliothécaire.

XII. Les appointemens fixes de chaque inspecteur de l'enseignement sont établis à cinq mille livres par an; ceux du secrétaire, à quatre mille livres; ceux du bibliothécaire, à trois mille livres.

Trois classes d'appointemens sont établies pour les autres artistes. Vingt-huit places à deux mille cinq cents livres, forment la première classe; cinquante - quatre places à deux mille livres, forment la seconde classe; et vingt-huit places à seize cents livres, forment la troisième classe.

XIII. Les dépenses d'administration et d'entretien du Conservatoire, sont réglées et ordonnancées par le Pouvoir exécutif, d'après les états fournis par l'administration du Conservatoire : ces dépenses sont acquittées par le trésor public.

XIV. Après vingt années de service, les membres du Conservatoire central de Musique ont, pour retraite, la moitié de leurs appointemens; après cette époque, chaque année de service augmente cette retraite d'un vingtième desdits appointemens.

XV. Le Conservatoire fournit tous les jours un corps de musiciens pour le service de la garde nationale près le Corps législatif.

FORMATION.

ENSEIGNEMENT.	EXÉCUTION.

PROFESSEURS.

Solfége.	14	Compositeurs dirigeant	
Clarinette.	19	l'exécution	5
Flûte	6	Chef d'orch. exécutant.	1
Hautbois.	4	Clarinettes	30
Basson	12	Flûtes.	10
Cor (premier).	6	Cors (premiers). . . .	6
Cor (second).	6	Cors (seconds). . . .	6
Trompette.	2	Bassons.	18
Trombonne.	1	Serpens.	8
Serpent.	4	Trombonnes.	3
Buccini. . . . .)		Trompettes.	4
Tubæ corvæ.)	1	Tubæ corvæ.	2
Timbalier.	1	Buccini.	2
Violon.	8	Timbaliers.	2
Basse.	4	Cymbaliers.	2
Contre-basse.	1	Tambours turcs.	2
Clavecin.	6	Triangles	2
Orgue.	1	Grosses caisses.	2
Vocalisation	3	Non exécutans em-	
Chant simple	4	ployés à diriger les	
Chant déclamé.	2	élèves chantant ou	
Accompagnement. . . .	3	exécutant dans les	
Composition.	7	fêtes publiques. . . .	10
TOTAL. . . . 115		TOTAL. . . . 115	

Visé. Signé *ENJUBAULT*,
Collationné, *Signé* DEFERMON, *ex-président ;*
QUIROT, G. F. DENTZEL, *secrétaires.*

L O I

Portant suppression de la Musique de la Garde nationale parisienne.

Du 16 Thermidor, an 3.ᵉ de la République française, une et indivisible.

La Convention nationale, après avoir entendu le rapport de ses Comités d'instruction publique et des finances, DÉCRÈTE :

ARTICLE PREMIER.

L'Institut national des sciences et arts n'étant pas organisé dans ce moment, les fonctions qui lui sont attribuées par la précédente loi appartiendront au Comité d'instruction publique.

La Convention nationale nommera les cinq inspecteurs de l'enseignement, d'après un rapport de son Comité.

I I. La Musique de la garde nationale parisienne est supprimée par le présent décret. Les artistes qui la composent font partie du Conservatoire.

I I I. L'établissement connu sous le nom d'École de chant et déclamation, est supprimé par le présent décret. Les artistes y professant la Musique, font partie du Conservatoire.

I V. Le Comité d'instruction publique déterminera la liste des artistes qui devront composer les différentes classes du Conservatoire.

V. Les objets devant former la bibliothèque du Conservatoire en conséquence de l'article X de la précédente loi, seront choisis dans le dépôt formé par la Commission temporaire des arts, par une Commission d'artistes musiciens, dont le Comité d'instruction publique nommera les membres.

VI. En considération des services rendus par la Musique de la garde nationale dans l'exécution des fêtes publiques et dans la formation des élèves, ses membres recevront, par forme d'indemnité, une somme égale aux appointemens qu'ils ont reçus depuis le 18 brumaire, an 2.e de la République, époque du décret qui établit l'Institut national de Musique.

VII. La Commission de l'instruction publique ordonnera, sans délai, l'établissement du Conservatoire de Musique dans le local dit *les Menus-plaisirs*, déjà désigné par arrêté du Comité de salut public.

Visé par le Représentant du peuple, Inspecteur des procès-verbaux. Signé ENJUBAULT.

Collationné à l'original, par nous Président et Secrétaires de la Convention nationale. A Paris, ce 17 Thermidor de l'an 3.e de la République française, une et indivisible. *Signé* A. DUMONT, *ex-président ;* LAURENCEOT et J. F. DENTZEL, *secrétaires.*

DISCOURS

Prononcé par le citoyen SARRETTE, commissaire chargé de l'organisation du Conservatoire de Musique, dans la séance de l'ouverture de cet établissement, le 1.er brumaire, an V.e de la République française, une et indivisible.

CITOYENS,

L'ÉPOQUE est arrivée où la Musique, par la réunion des hommes qui la professent avec le plus de distinction, va se régénérer, en prenant avec énergie un essor digne de la puissance de la République française.

Sept ans de travaux et de persévérance sont enfin couronnés des plus heureux succès, puisque le Conservatoire de Musique de France, la plus vaste école dans ce genre qui ait été créée en Europe, s'ouvre aujourd'hui en conséquence d'un décret de la Convention nationale, et sous les auspices d'un Gouvernement protecteur des arts.

En décrétant la formation du Conservatoire, la Convention nationale a voulu, par ce grand établissement, donner à la Musique l'asile honorable et l'existence politique dont une ignorance

A 4

barbare l'avait trop long-temps privée ; elle a voulu créer un foyer reproducteur pour toutes les parties dont se compose cette science ; elle a voulu que, centre de l'étude de l'art, il renfermât des moyens assez étendus et assez complets pour former les artistes nécessaires à la solennité des fêtes républicaines, au service militaire des nombreuses légions de la patrie, et sur-tout aux théâtres, dont l'influence est si importante au progrès et à la direction du bon goût ; enfin, en établissant le Conservatoire de Musique, la Convention nationale a voulu, non-seulement conserver des talens dignes d'illustrer la République, mais obtenir de leur rapprochement des dissertations utiles à l'agrandissement de l'art et à la meilleure direction qu'il convient de donner à l'enseignement de ses parties.

La Convention nationale a voulu....... Mais sa volonté resterait inexécutée, si l'enseignement ne devait suivre une marche raisonnée, plus complète que celle employée par les anciennes écoles, et dégagée des erreurs et de l'habitude qui la dirigeaient (1). Toutefois, avant d'entrer dans les

---

(1) Les anciennes écoles sont celles des chapitres et cathédrales, connues sous le nom de maîtrises : elles ont produit de bons lecteurs ; mais l'enseignement de la Musique était lent ; celui du chant, vicieux ; celui de la composition, borné ; et celui des instrumens, incomplet : cette partie ne comprenait que la basse, le basson et le serpent.

détails d'un nouveau plan d'étude, il faut retracer les vices principaux de celui qui était en pratique avant la révolution ; ses défauts reconnus produiront nécessairement des leçons utiles pour l'avenir.

Le chant, cette partie si essentielle de la Musique, a toujours été mal enseigné en France : les maîtrises des cathédrales étaient les seules écoles qui existassent pour cette partie, sous l'ancien gouvernement ; et il paraît que le but de ces établissemens, créés et entretenus pour le service du culte, dont le besoin principal était de remplir, par des sons volumineux, un immense vaisseau, faisait aux maîtres qui les dirigeaient, un devoir de ne montrer à chanter qu'à pleine voix ; méthode qui naturellement devait tendre à l'exclusion des nuances et de l'expression. On ne peut parler de la ci-devant école de chant et de déclamation, ses bornes étroites et sa mauvaise institution n'ayant pu permettre aux habiles professeurs qui la composaient, aucune réforme sensible dans la manière de chanter.

Les théâtres, contraints de tirer leurs chanteurs des écoles des chapitres, furent toujours asservis au genre adopté pour le culte ; et ce ne fut qu'avec un travail opiniâtre, en frondant l'habitude et les mauvais principes, que les grands maîtres qui depuis trente ans ont orné la scène lyrique de leurs chefs-d'œuvre, parvinrent à les faire comprendre à ceux qui devaient les chanter.

Cependant, des artistes italiens vinrent en France ;

ils y firent entendre dans les productions des génies de l'école d'Italie, une manière de chanter agréable et expressive : ce genre fit sensation parmi les artistes français et les amis de la mélodie ; il fut admiré ; et bientôt des chanteurs, ayant senti les vices de l'école française, crurent la régénérer en cherchant à imiter les Italiens : mais ils ne réussirent pas, parce que le sentiment est inimitable. Ils avaient entendu un chant orné, ils en outrèrent la manière ; et le chant français fut surchargé d'agrémens dont le bon goût réprouvait l'abus, et qui n'offraient, dans notre langue, qu'une ridicule caricature de la grâce du chant italien.

A travers ces écueils néanmoins, et entièrement guidés par un goût exquis et le sentiment du vrai beau, des artistes justement célèbres ont su créer un genre indépendant et convenable à la langue française. Que ne doit-on pas espérer de l'école qui s'établit, puisque le plus grand nombre de ces artistes sont chargés de l'enseignement de cette partie importante !

Le chant ne fut pas seul négligé : les instrumens à vent, poussés au plus haut degré de perfection par quelques artistes distingués, sont restés en général dans une médiocrité qu'on ne peut reprocher aux instrumens à cordes. Il semble que cette médiocrité vient moins des moyens employés au développement de leur mécanisme, que de la mauvaise direction donnée à leur étude : les régimens de l'ancienne troupe de ligne (auxquels on doit en partie la naturalisation de ces instrumens, venus pour la plupart de l'Allemagne), afin de hâter leur jouissance, ne faisaient parcourir aux élèves qu'ils formaient, qu'un petit cercle d'enseignement, proportionné à leurs besoins : on n'exigeait pas, dans ces écoles, que les élèves fussent entièrement musiciens ; on les portait avec précipitation vers l'exécution : des marches et autres morceaux militaires étaient le but auquel on les faisait tendre, et qu'ils atteignaient ordinairement après quelques mois de travail ; ensuite ils pratiquaient par métier. Si des élèves nés pour la Musique, cherchaient à sortir de ces pépinières d'ouvriers (et il en est qui sont devenus des modèles pour toutes les écoles) ; s'ils cherchaient à s'élever au niveau de l'art, ils avaient à vaincre les obstacles que leur opposait l'absence entière d'ouvrages élémentaires et de bonnes pièces pour l'étude de leurs instrumens (1). Il n'en était pas de même des instrumens à cordes, lesquels, après avoir été guidés par d'excellentes méthodes, avaient pour exercice les productions des plus grands maîtres, soit sonates, duo, trio, quatuor, &c. Enfin, dans l'emplo

---

(1) Les premiers bons ouvrages pour les instrumens à vent, n'ont paru que depuis peu d'années ; et leur presque totalité a été produite par une partie des artistes qui composent le Conservatoire.

qui leur était assigné dans les orchestres, les instrumens à cordes, chargés des parties principales de
l'harmonie, trouvaient dans la lecture entière des
ouvrages dramatiques, les moyens de former leurs
talens, pend nt que les instrumens à vent, qui, par
leur nature, ne pouvaient être employés que comme
des accessoires brillans, entraient dans l'exécution
et en sortaient sans être initiés dans la marche générale de l'harmonie, et conséquemment sans
pouvoir en suivre l'application aux passions, ainsi
que les instrumens à cordes, qui exécutaient l'ou-
vrage dans son ensemble.

Mais les nouvelles institutions du Gouvernement
républicain dans l'instruction publique, font un
devoir au Conservatoire de diriger ses soins vers
la perfection et la multiplicité des instrumens à
vent. En effet, la célébration des fêtes nationales
devant se faire en plein air, ne laisse aucun doute
sur l'importante utilité de ces instrumens : on sait
que leur volume de son et la résistance qu'ils oppo-
sent à l'intempérie de l'air, ne permettent aucune
espèce de comparaison avec ceux à cordes. Chargés
du service des fêtes publiques, les instrumens à
vent ont une nouvelle carrière à parcourir ; alors,
prenant la place des violons et des basses, soit dans
les symphonies, soit dans l'accompagnement des
hymnes, leur partie devient entièrement principale.
Ce nouvel emploi, et la nécessité de propager et
d'étendre les moyens de ces instrumens (dont les

(13)

excellens artistes que renferme le Conservatoire
ont si souvent fait connaître et admirer le charme),
réclament impérieusement un système d'enseignement beaucoup plus étendu que celui qui jusqu'ici
fut pratiqué par les écoles de musique militaire.
Mais, quel que soit le mode d'enseignement adopté
pour cette partie, il est deux puissans moyens qui
doivent être employés pour multiplier les grands
artistes que la nation possède dans ce genre : le
premier, c'est de donner aux instrumens à vent,
arrivés à un certain degré de perfection, la pratique d'un instrument à cordes, afin que l'élève
introduit dans l'exécution des bons ouvrages consacrés à cette partie, puisse y prendre le sentiment
de la bonne musique, et devenir lecteur à force
d'occasions de lire ; le second, d'inviter les harmo-
nistes à écrire plus souvent qu'ils ne l'ont fait
pour cette utile portion de leur art.

Après avoir jeté un coup-d'œil rapide sur quelques défauts remarquables dans certaines branches
de l'exécution, si on examine quels étaient les
moyens d'étude à la disposition des jeunes artistes
qui se livraient à la composition, on voit qu'après
avoir reçu les premiers élémens de l'harmonie, ces
artistes n'avaient aucune espèce de facilité pour
former leur talent d'après la comparaison des
modèles créés par le génie des hommes qui ont
ouvert ou prolongé la carrière de la science mu-
sicale. Les belles productions, si on excepte celles

des contemporains que le goût du public fixait
alors au théâtre ou dans les concerts, leur étaient
presque entièrement inconnues : non - seulement
ils ne pouvaient jouir de ces ouvrages par l'exécution, mais ils n'en trouvaient nulle part la réunion offerte à leurs méditations; et la faiblesse de
leurs moyens pécuniaires a trop souvent été un
obstacle à la possibilité de se procurer la portion
qui en avait été gravée.

Tel était l'état de la Musique en France, qu'avec
plus de cinq cents écoles, et environ dix millions
de revenu annuel provenant de fondations faites
pour former et entretenir des musiciens (1), cet art,
si convenable au goût et au caractère des Français,
est cependant resté chez eux, dans quelques parties
(si on en excepte néanmoins les hommes de génie,
pour qui il n'est point d'entraves), à une très-
grande distance de la perfection, et sur-tout de la
popularité qu'il a acquise chez les Allemands et les
Italiens. Les causes de ce retard se trouvent toutes
dans la coupable impéritie que l'ancien Gouvernement apportait à tout ce qui intéressait les progrès
et la gloire de cet art. En effet, où sont les ou-

––––––––––––––––––––––––––––––––––

(1) Les chapitres, les cathédrales, le plus grand
nombre des abbayes, des paroisses et chapelles, entre-
tenaient des musiciens pour l'exercice du culte, et, dans
des maîtrises, faisaient apprendre la Musique à un certain
nombre d'élèves, connus sous le nom d'enfans de chœur.

vrages élémentaires raisonnés, première et principale base d'un bon enseignement! Quels étaient
les encouragemens offerts aux savans qui auraient
traité la théorie générale de l'art et ses rapports
avec les autres sciences! Enfin, dans quels lieux
les pères de la Musique se réunissaient-ils, comme
ceux de la Poésie, de la Peinture et de l'Architec-
ture, pour fixer les modes de l'étude, désigner au
public les élèves qui se distinguaient dans les différentes parties, et se communiquer mutuellement
les résultats de leurs travaux pour le reculement
des bornes de leur art! Rien de ce qui pouvait
être utile à la Musique, ou aux artistes qui faisaient
admirer sa puissance, n'avait été fait : la Cour
jouissait des délices de la plus brillante exécution,
et accablait d'un insolent mépris l'humble mais
célèbre exécutant; elle applaudissait aux œuvres
savans de la composition, et laissait l'estimable
compositeur végéter dans l'indigence, avec la cer-
titude cruelle de mourir de besoin. Enfin, par un
excès d'ineptie difficile à croire, la Cour de France,
qui ne protégeait que par ton un art spécialement
honoré chez tous les peuples policés, avait porté
le ridicule jusqu'à décorer du titre fastueux d'*Académie royale de Musique*, le premier spectacle sans
doute ; mais un spectacle, quelque grand qu'il
fût, pouvait-il être une académie dans l'acception
accordée à ce mot! Et sans parler de cette incon-
venance, qui, sentie par tout le monde, provoqua

tant de sarcasmes , l'Opéra pouvait-il jamais rien faire qui ressemblât aux fonctions d'une académie ?

Mais cessant de s'appesantir sur les misérables causes qui, en empêchant les meilleurs résultats , tendaient insensiblement en France à l'anéantissement de l'art utile et moral de la musique, il faut s'attacher aux moyens qui peuvent réparer le mal produit par l'ignorance et la plus coupable insouciance : ces moyens sont confiés au Conservatoire de Musique. La loi du 16 thermidor , en traçant le principe général de son établissement , lui a laissé , par de grandes dispositions , toute la latitude pour faire le bien ; mais ces bases ont dû être analysées et développées dans un règlement renfermant des dispositions particulières susceptibles d'être appliquées aux localités de l'établissement , et propres à imprimer à toutes les branches du service prescrit par la loi, le mouvement général et régulier, constitutif d'une bonne organisation.

Sous le rapport de police, le règlement doit fixer la place et déterminer l'action de chaque partie administrative ; ramener, sans confusion et sans interruption, les mouvemens périodiques de chaque genre de service. Dans l'enseignement, il doit assurer la présence du professeur au poste qui lui est assigné ; il doit maintenir l'ordre parmi les élèves ; il doit veiller à la conservation des mœurs par les précautions qu'exige, dans l'âge de la jeunesse, la réunion des deux sexes. Le règlement doit assurer

au

au Gouvernement l'observation des principes constitutionnels, et garantir au public, dans les lieux où la loi l'admet, les égards qui lui sont dus. Sous le rapport de l'étude, le règlement doit préparer des routes faciles aux modes de l'enseignement, recevoir l'élève à l'école primaire de la Musique, et le conduire avec précaution, en suivant le développement de ses facultés intellectuelles, au centre de l'étude, ensuite, par émulation et encouragemens, aux portes de la célébrité. Le règlement doit enfin établir des classes indispensables à l'entendement musical et au complément de l'étude, dans lesquelles la théorie de l'art et ses rapports avec les mathématiques, la poëtique et l'historique, seront traités : la physique y expliquera, par les règles de l'acoustique, les procédés employés par les anciens pour augmenter le son, et le porter dans toute sa pureté, sans interruption, aux extrémités d'un nombreux auditoire ; elle cherchera, dans ses immenses découvertes, les moyens d'étendre ou rectifier la partie instrumentale, et procurera aux instrumens à vent le volume de sons graves qui leur manque pour le service mobile. Enfin, la dramatique, cette science de l'ame, qui seule donne la vie aux accords et l'expression à la mélodie, y sera traitée avec la déclamation.

Le règlement ne doit pas se borner à organiser les institutions indispensables à l'étude de la théorie générale de la Musique, il faut aussi qu'il four-

B

nisse à la pratique les moyens de transmettre les leçons utiles de l'expérience ; il faut que les ouvrages des maîtres de tous les temps et de toutes les nations, réunis dans la bibliothèque du Conservatoire, offrent aux recherches des jeunes artistes les conseils du savoir ; il faut que par une exécution complète, dans des exercices solennels, le musicien puisse entendre et faire connaître aux amis des arts les productions qui honorent le sien.

A côté des musées célèbres que le génie de la liberté forma pour les progrès des sciences et des arts et leur prospérité dans la République, les amis de la gloire nationale verront s'élever aussi celui de la Musique : cette nouvelle institution, en arrachant à l'oubli les chefs-d'œuvre de toutes les écoles, offrira l'exposition unique des richesses sublimes de cet art, et indiquera à l'histoire sa marche progressive ; tout ce que le génie de la Musique a produit de grand, sera exécuté par le Conservatoire dans ces exercices, soit que ces œuvres aient été consacrés au culte, soit qu'ils aient été écrits sous différentes langues, ou que le goût du nouveau les ait entièrement éloignés du théâtre.

Ces productions, en imprimant le sentiment du beau, exciteront l'émulation des jeunes compositeurs ; elles aideront au développement de leur génie, et feront naître des ouvrages dignes d'illustrer l'école qui s'établit.

(19)

C'est alors que l'Europe éclairée, appréciant les résultats de cette école, lui marquera avec impartialité la place qu'elle devra occuper près celles d'Allemagne et d'Italie ; c'est alors que les artistes dont les travaux auront contribué à ce triomphe autant utile que glorieux pour la patrie et les arts, jouiront de la douce récompense de voir leurs talens se reproduire dans ceux de leurs élèves, et recevront du peuple français la double couronne de l'admiration et de la reconnaissance. Puisse ce moment n'être pas éloigné ! puissent le zèle et la constance que les membres du Conservatoire apporteront aux importantes fonctions qui leur sont confiées, en rapprocher le terme, et réparer enfin le tort produit à l'art musical en France par la suspension de l'enseignement pendant sept ans.

Citoyens, le Gouvernement attend tout de vos efforts ; les amis des arts vous montrent le prochain anéantissement du théâtre lyrique, par le dénuement d'Artistes en ce genre ; ils vous pressent d'activer vos travaux.... : leur attente ne peut être trompée. Déjà vous avez préparé les ouvrages élémentaires qui doivent éloigner de la partie classique du Conservatoire, les productions de l'ignorance et du faux savoir ; vous allez commencer l'enseignement ; son succès est garanti par la réputation que vous vous êtes si justement acquise.

SARRETTE.

B 2

RÈGLEMENT

Proposé pour le Conservatoire de Musique, par le Commissaire chargé de son organisation ;

Adopté par le DIRECTOIRE EXÉCUTIF, le 15 messidor, an 4.ᵉ de la République française, une et indivisible.

TITRE PREMIER.

Administration.

ARTICLE PREMIER.

L'ADMINISTRATION, formée aux termes de l'article VI de la Loi du 16 thermidor, est présidée par l'un de ses membres.

I I.

Le président est renouvelé tous les trois mois.

I I I.

L'administration est partagée en quatre sections, composées chacune de deux membres, dont l'un inspecteur de l'enseignement.

I V.

Le travail est attribué à chacune des sections, ainsi qu'il suit :

Première section. La police générale de l'école, des répétitions, des exercices, de la bibliothèque publique, les congés.

Deuxième section. Le service près le Corps législatif, les fêtes nationales, l'entretien des instrumens, la fourniture des objets relatifs à l'enseignement.

Troisième section. L'inspection des bâtimens, de la bibliothèque et de son complément, des magasins de musique et d'instrumens, des archives.

Quatrième section. L'examen des dépenses.

V.

Chaque section tient la correspondance relative aux attributions qui lui sont données par l'article précédent.

La quatrième section est chargée de la correspondance étrangère auxdites attributions.

V I.

Toute espèce de travail dans chaque section, est dépendante de la sanction de l'administration ; et aucun objet ne peut être arrêté en administration, s'il n'est le résultat d'un rapport fait par la section à laquelle il est attribué par l'article IV.

V I I.

Chaque section tient registre de ses opérations.

V I I I.

Les rapports présentés à l'administration, doivent être signés par les membres formant la section dont ils émanent.

I X.

Les états de dépense et les pièces à l'appui présentés à l'administration, doivent être préalablement visés et enregistrés par la section relative.

X.

L'administration, chargée de l'inspection et du complément de la bibliothèque, doit fournir tous les ans, au Gouvernement, les états certifiés des supplémens aux objets composant la bibliothèque.

X I.

Les actes de l'administration doivent être arrêtés, au lieu ordinaire de ses séances, au moins par les deux tiers de ses membres ; ces arrêtés, pour avoir force d'exécution, doivent être signés à la minute par les membres présens à la délibération, lesquels signeront également au registre la transcription desdits arrêtés. Les extraits du registre seront seulement signés du président et du secrétaire.

(23)

X I I.

En conséquence de l'article IV de la Loi du 16
thermidor, l'administration ni aucune de ses sections ne peuvent s'immiscer dans la surveillance
de l'enseignement dans le Conservatoire, ou du
service dans les fêtes publiques, ces deux objets
étant une attribution spéciale des inspecteurs de
l'enseignement.

X I I I.

Le secrétariat est le centre d'adresse de toutes
les affaires du ressort de l'administration ; elles y
sont enregistrées et ensuite renvoyées à la section
relative, qui doit en faire rapport à l'administration ; les actes du Gouvernement sont renvoyés
au président, qui convoque, s'il y a lieu, l'administration.

X I V.

L'administration s'assemble ordinairement les
tridi et octidi de chaque décade. La présence des
membres de l'administration est constatée chaque
jour par signatures apposées sur un registre dressé
ad hoc.

X V.

Il est établi un bureau de surveillance, lequel
est spécialement chargé de la police intérieure du
Conservatoire. Ce bureau est permanent pendant

la durée des classes, et tenu alternativement par l'un des quatre administrateurs temporaires.

X V I.

Chaque jour le bureau de surveillance fait rapport à l'administration, de l'état de la police dans le Conservatoire.

T I T R E I I.

Nomination des Administrateurs temporaires.

A R T I C L E P R E M I E R.

Pour l'exécution de l'article VI de la loi du 16 thermidor, les membres du Conservatoire se réunissent le 30 ventôse de chaque année, et procèdent, en assemblée générale, à l'élection des quatre administrateurs temporaires.

I I.

Les fonctions de président dans cette assemblée, sont remplies par celui de l'administration; celles de secrétaire, par celui du conservatoire; et les deux plus anciens d'âge dans l'assemblée, remplissent les fonctions de scrutateurs.

I I I.

L'assemblée peut délibérer lorsque soixante membres sont réunis : alors le président ordonne la lecture de la loi du 16 thermidor.

(25)
I V.

L'assemblée procède à l'élection des qùatre administrateurs, par la voie du scrutin fermé, par bulletin de liste , contenant quatre noms : la majorité relative des suffrages détermine la nomination.

V.

La loi n'interdit pas la réélection des administrateurs en exercice à l'époque du renouvellement.

V I.

Le dépouillement du scrutin se fait séance tenante ; le président en proclame le résultat. De suite lecture est faite du procès-verbal ; il est arrêté ; et immédiatement après sa clôture, le président lève la séance , dans laquelle , sous aucun prétexte que ce soit, il ne peut être traité d'autres opérations que celle prescrite par la loi du 16 thermidor.

V I I.

Il doit être adressé au Ministre de l'intérieur , une copie, certifiée par le bureau, du procès-verbal de cette séance : le Ministre en fera passer une copie conforme au Directoire exécutif. L'original est déposé aux archives du Conservatoire.

TITRE III.

Inspection de l'Enseignement.

ARTICLE PREMIER.

L'article IV de la loi du 16 thermidor attribuant aux inspecteurs de l'enseignement la surveillance de toutes les parties de l'enseignement dans le Conservatoire, et de l'exécution dans les fêtes nationales, les inspecteurs de l'enseignement se réunissent en comité pour délibérer en conséquence de ces attributions, sur,

1.° Le mode de l'enseignement, son exécution, et l'emploi des professeurs selon les besoins de l'enseignement ;

2.° L'admission des élèves, leur classement et leurs examens ;

3.° Les moyens d'exécution pour la célébration des fêtes nationales ;

4.° La formation du répertoire des exercices du Conservatoire, par le choix des ouvrages des grands maîtres (morts) de toutes les écoles;

5.° Le choix dans le répertoire des exercices, des ouvrages qui devront y être exécutés, et la fixation des époques des répétitions particulières des exercices ;

6.° La désignation du genre d'emploi des artistes, professeurs ou élèves qui devront exécuter dans chaque exercice ou dans leurs répétitions ;

7.° La correspondance relative à l'art.

I I.

Le mode de l'enseignement est uniforme ; les examens des élèves sont fixés à quatre par an, et commencent les 12 des mois vendémiaire, nivôse, germinal et messidor. Ces examens se font par degrés de l'enseignement et en présence des professeurs de chaque classe.

I I I.

Pour la formation ou le complément du répertoire des exercices, il est fixé au 24 de chacun des mois vendémiaire, frimaire, pluviôse, germinal, prairial et thermidor, un examen en forme d'exercice, dans lequel les ouvrages de nature à composer le répertoire seront exécutés par le Conservatoire. Cet examen doit être fait dans la grande salle du Conservatoire.

I V.

Les décisions des inspecteurs de l'enseignement sont prises en comité, à la majorité de ses membres, et leur inscription au registre du comité est signée par les membres présens à la délibération.

V.

Pour l'unité d'action, les actes des inspecteurs de l'enseignement ne peuvent être que la conséquence des arrêtés pris en comité. Les inspecteurs

se partagent alternativement les travaux de l'inspection de l'enseignement dans le Conservatoire, et de
la direction de l'exécution, soit dans les fêtes nationales, soit dans les exercices.

TITRE IV.

Bibliothèque.

ARTICLE PREMIER.

La bibliothèque est publique les
époques déterminées par l'Institut national des
sciences et arts.

I I.

Les membres et élèves du Conservatoire, munis
d'une carte délivrée par les inspecteurs de l'enseignement, y sont admis aux époques déterminées
par l'administration du Conservatoire.

I I I.

Les ouvrages dont on veut prendre connaissance, doivent être délivrés par le bibliothécaire,
et doivent lui être remis.

I V.

Il est permis de prendre copie des ouvrages
faisant partie de la bibliothèque.

V.

Le bibliothécaire est responsable des ouvrages

et instrumens faisant partie de la bibliothèque ; il ne peut, sous aucun prétexte, en permettre la sortie.

V I.

Le bibliothécaire est tenu d'être à son poste aux jours et heures déterminés, soit par l'Institut national des sciences et arts, soit par l'administration du Conservatoire, pour la tenue publique et particulière de la bibliothèque.

TITRE V.

Exercices.

ARTICLE PREMIER.

Il y a six exercices par an ; leur époque est fixée au 20 de chacun des mois brumaire, nivôse, ventôse, floréal, messidor et fructidor ; ils se font dans la grande salle du Conservatoire, en présence des membres du Directoire exécutif, des Ministres, et de l'Institut national des sciences et arts.

I I.

Il ne peut être exécuté, dans les exercices, que les ouvrages composant le répertoire formé en conséquence du règlement, et ces ouvrages doivent être désignés un mois avant l'époque de l'exercice dans lequel ils doivent être exécutés.

I I I.

Les cent quinze membres du Conservatoire doivent contribuer à l'exécution des exercices, suivant l'emploi qui leur est assigné par les inspecteurs de l'enseignement.

Les seuls motifs d'exemption sont, les congés autorisés par le règlement et délivrés par l'administration, les maladies constatées.

I V.

La présence des membres du Conservatoire dans les exercices, est constatée par un appel qui a lieu avant l'exécution.

V.

Les membres du Conservatoire ne peuvent quitter l'orchestre, dans les exercices, qu'après leur entière exécution.

V I.

La veille de chaque exercice, il y a une répétition générale des morceaux qui doivent y être exécutés : cette répétition doit être faite dans la grande salle du Conservatoire.

V I I.

Le nombre et les époques des répétitions particulières, sont fixés par les inspecteurs de l'enseignement.

TITRE VI.

Service des Fêtes nationales.

ARTICLE PREMIER.

Pour l'exécution des fêtes nationales, dont le Conservatoire est spécialement chargé par la loi du 16 thermidor, l'administration transmet les ordres qu'elle reçoit, aux inspecteurs de l'enseignement, lesquels font convoquer individuellement les membres du Conservatoire, par un ordre indicatif de l'époque du service et de celles des répétitions préalables, de la nature des instrumens, soit à cordes, soit à vent, et des différens tons d'instrumens nécessaires à l'exécution.

Le point de départ est invariablement fixé au Conservatoire; il doit y être fait auparavant un appel, pour constater la présence des artistes.

I I.

Soit dans les marches, soit dans les orchestres, les places que doivent occuper les artistes, selon les parties qu'ils remplissent dans l'exécution, sont établies par nature d'instrumens et par ordre numérique : cet ordre ne peut être interverti sans l'avis des inspecteurs de l'enseignement.

Les emplois de ceux qui ne peuvent être occupés dans l'orchestre, sont désignés par les inspecteurs de l'enseignement.

I I I.

Les corps d'orchestres placés aux lieux indiqués par l'ordonnance de la fête, les artistes ne peuvent commencer l'exécution que d'après la transmission, par les inspecteurs de l'enseignement, de l'ordre du Directoire exécutif ou de l'autorité qui le représente.

I V.

Aucun air ou morceau de musique, autre que ceux déterminés pour la fête, ne peut être exécuté sans l'ordre exprès des inspecteurs de l'enseignement, qui, sur leur responsabilité, ne peuvent le donner qu'après l'avoir reçu du Directoire exécutif ou de l'autorité qui le représente.

Les mêmes dispositions sont applicables aux Corps de musique émanés du Conservatoire, et dirigés par ses membres dans les fêtes publiques.

V.

Les cent quinze membres du Conservatoire doivent contribuer à l'exécution des fêtes nationales, suivant l'emploi qui leur est assigné par les inspecteurs de l'enseignement. Les seuls motifs d'exemption sont, les congés autorisés par le règlement et délivrés par l'administration, les maladies constatées.

V I.

Les membres du Conservatoire ne peuvent quitter
leur

leur poste , dans les cérémonies des fêtes nationales , qu'après leur entière exécution , et sur
l'ordre des inspecteurs de l'enseignement.

V I I.

Le nombre des répétitions nécessaires à l'exécution des fêtes nationales, et leurs époques, sont
déterminés par les inspecteurs de l'enseignement.
Elles doivent être faites dans la grande salle du
Conservatoire.

TITRE VII.

Service près le Corps législatif.

ARTICLE PREMIER.

L'administration, d'après l'avis des inspecteurs
de l'enseignement , désigne les artistes qui doivent
faire le service près le Corps législatif ; leur nombre doit être proportionnel aux besoins de l'enseignement ; il est provisoirement fixé à trente-deux,
et divisé en deux corps composés chacun ainsi
qu'il suit ; savoir :

6	Clarinettes ,	3	Bassons ,
1	Flûte ,	1	Serpent ,
2	Cors ,	1	Cymbalier ,
1	Trompette ,	1	Grosse caisse.

TOTAL seize musiciens.

C

I I.

Ces deux corps font le service alternativement, et sont désignés *premier* et *second.*

I I I.

L'administration nomme, parmi les artistes composant chaque corps, un chef et un sous-chef; ils sont chargés du commandement, et renouvelés tous les ans.

I V.

Chaque corps reçoit l'ordre de service de ses chefs, d'après celui que ceux-ci reçoivent de l'administration.

V.

Les artistes composant chaque corps ne peuvent se présenter au service qu'en uniforme complet, et munis de leurs instrumens.

V I.

La présence des artistes au service est constatée chaque jour par deux appels que les chefs ou sous-chefs sont tenus de faire; le premier, avant le service; le second, après : les absens à chacun de ces appels doivent être pointés.

V I I.

Les causes de maladies constatées, et les congés, sont seuls admissibles pour justifier l'absence au service : dans le premier cas, le malade doit aussitôt

en prévenir son chef, lequel en réfère à l'administration, qui pourvoit, s'il y a lieu, au remplacement :
ceux qui négligent d'avertir leurs chefs, sont pointés
comme absens.

V I I I.

Les membres de chaque corps sont appelés à la
surveillance de l'exactitude au service ; et si les
chefs négligent de pointer un absent, la peine
dont celui-ci ne peut être dispensé, est également
applicable aux chefs, qui, dans ce cas, doivent être
dénoncés à l'administration.

I X.

Tous les dix jours, les états, certifiés par les chefs,
de la tenue du service, sont remis à l'administration, qui les fait enregistrer, en ordonnant l'application des peines relatives aux délits.

X.

Les artistes peuvent obtenir des exemptions de
service, en les demandant aux chefs ; mais ils doivent se faire remplacer par un de leurs collègues
remplissant la même partie : ces exemptions ne
peuvent jamais excéder trois jours de service par
mois.

Sont réputés absens, ceux qui ayant obtenu une
exemption, n'ont point été remplacés.

X I.

Nul étranger au Conservatoire ne peut, sous

aucun prétexte , être admis à faire le service ; et les élèves ne peuvent y être admis que par ordre de l'administration.

X I I.

Si, pour l'exécution de l'article II de la loi du 16 thermidor, le service de l'enseignement s'opposait à ce qu'à l'avenir trente - deux professeurs fussent à-la-fois employés au service près le Corps législatif, les inspecteurs de l'enseignement se concerteront avec l'administration, qui rappellera les membres nécessaires , et les fera remplacer par des élèves en état de faire le service.

X I I I.

Les élèves appelés à cette fonction , et qui, sans motifs légitimes , négligeraient de l'exercer , doivent être traduits , par les chefs de leurs corps respectifs , devant l'administration, qui doit statuer selon le cas.

T I T R E   V I I I.

Service de l'Enseignement.

A R T I C L E   P R E M I E R.

Les membres du Conservatoire employés à l'enseignement, donnent leurs leçons de deux jours l'un : sont exceptés les inspecteurs de l'enseignement et les quatre administrateurs temporaires , lesquels, en raison de leur activité continuelle dans les diverses parties de l'administration, ne sont tenus qu'à deux leçons chacun par décade.

I I.

Les professeurs sont tenus de donner leurs leçons aux époques qui leur sont désignées par l'administration.

I I I.

Les professeurs peuvent obtenir des exemptions de service en les demandant à l'administration; mais ils sont tenus de se faire remplacer par un professeur de même genre : ces exemptions ne peuvent excéder quatre jours de service par mois. Sont réputés absens, ceux qui ne sont pas remplacés.

Il ne peut être donné plus de quatre exemptions à-la-fois.

I V.

La présence des professeurs à leur poste, se constate par les signatures qu'ils apposent, chaque jour, sur deux feuilles ouvertes à cet effet au bureau de surveillance : la première feuille est fermée demi-heure après l'entrée en classe ; la seconde ne peut être ouverte qu'à l'heure déterminée pour la sortie de la classe. Les professeurs qui négligent l'exécution des dispositions prescrites par le présent article, sont réputés absens de leur poste.

V.

Les seuls motifs de maladies constatées peuvent

dispenser un professeur de se rendre à son poste ; dans ce cas, l'administration doit en être prévenue par écrit.

V I.

L'instruction des élèves, pendant la maladie d'un professeur, est attribuée aux professeurs de même genre, dans les classes desquels ils sont répartis par le bureau de surveillance.

V I I.

Les professeurs sont chargés de maintenir la police dans leurs classes, et ils doivent rendre compte chaque jour, au bureau de surveillance, de l'exactitude des élèves, et de leur tenue pendant la classe.

V I I I.

Les rapports des professeurs sur la police de leur classe, et les feuilles de présence des professeurs, sont adressés chaque jour à l'administration, par le bureau de surveillance.

T I T R E   I X.

Admission des Élèves.

ARTICLE PREMIER.

Pour l'exécution de l'article III de la loi du 16 thermidor, six places d'élèves dans le Conservatoire sont attribuées à chacun des départemens de la République ; les inspecteurs de l'enseignement observeront, autant que possible, cette égale répartition dans l'admission des élèves, en la subordonnant néanmoins aux conditions énoncées dans les articles suivans.

I I.

Il ne peut exister de places vacantes ; et dans ce cas, si des élèves, ayant d'ailleurs les conditions requises, se présentaient lors même que le nombre de places affectées à leur département serait rempli, ils doivent être admis.

I I I.

Il est fixé un examen d'admission par trimestre : le premier a lieu en vendémiaire.

I V..

Nul ne peut être admis élève du Conservatoire, s'il ne sait lire, et s'il n'a l'entier exercice des facultés physiques nécessaires au genre d'étude qu'il veut suivre.

V.

Les individus des deux sexes n'ayant aucunes notions de musique, ne peuvent être admis que depuis l'âge de huit ans révolus jusqu'à celui de treize.

Ceux ayant les notions suffisantes pour être classés au second degré de l'enseignement, sont admis ; les femmes, depuis l'âge de huit ans jusqu'à vingt-cinq ; les hommes, depuis l'âge de huit ans jusqu'à trente.

V I.

Les aspirans aux places d'élèves, doivent être inscrits au secrétariat du Conservatoire, pour être appelés aux examens selon l'ordre de leur inscription.

Ils sont jugés comparativement : ceux qui ont les notions les plus étendues, sont préférablement admis ; la priorité entre ceux qui ne savent rien, est relative à l'ordre d'inscription.

V I I.

Les élèves admis ne peuvent, en aucun temps, entrer dans le Conservatoire, sans être munis d'une carte indicative de leur classement.

T I T R E X.

Ordre de l'Enseignement.

A R T I C L E P R E M I E R.

Il est établi trois degrés de l'enseignement.

Premier degré. Les principes élémentaires du solfége forment la première partie de l'enseignement ; les élèves qui y sont classés, ne peuvent suivre d'autre partie qu'ils n'aient été classés au second degré.

Second degré. Les développemens du solfége ,
La vocalisation ,

Le chant simple, le chant déclamé,

Les instrumens en tous genres.

Nota. L'étude de la harpe est admise ; mais les élèves sont chargés de l'entretien de l'instrument, qui leur sera fourni par le Conservatoire.

Troisième degré. Répétition de la scène chantée, avec accompagnement d'orchestre,

Accompagnement,

Composition théorique et pratique.

Le complément de l'enseignement, par une suite de cours dans lesquels la théorie générale et l'historique de l'art musical sont traités sous tous les rapports.

Ces cours sont publics, et ont lieu une fois par décade, dans les salles disposées à cet effet dans le Conservatoire.

I I.

Les élèves classés aux second et troisième degrés, ne peuvent être enseignés dans plus de deux parties à-la-fois ; l'étude suivie du solfége est obligatoire dans le second degré.

I I I.

Les élèves étudiant les instrumens à vent, sont tenus, en quittant la seconde partie du solfége, de suivre l'étude d'un instrument à cordes.

I V.

Les changemens de degrés ou de parties de l'enseignement , ne peuvent s'opérer que sur l'avis des inspecteurs de l'enseignement.

V.

Les élèves reçoivent quatre leçons par décade, pour chaque partie de l'enseignement qu'ils suivent ; et indépendamment des deux parties dans lesquelles les élèves peuvent être enseignés à-la-fois, ceux étudiant les instrumens, qui sont jugés en état d'être réunis pour l'exécution , sont formés par classes de répétitions, dans lesquelles ils reçoivent deux leçons par décade.

V I.

Il y a trois genres de répétitions :
Instrumens à vent,
Instrumens à cordes,
Scène chantée avec accompagnement d'orchestre.

V I I.

Les classes de répétitions sont examinées ; et les élèves, sur la décision des inspecteurs de l'enseignement, peuvent être employés, soit au service des fêtes nationales, soit à celui près le Corps législatif, soit à l'enseignement, ou dans les exercices du Conservatoire.

V I I I.

Les élèves qui prennent l'engagement de faire régulièrement le service près le Corps législatif et celui des fêtes nationales, reçoivent, à cet effet,

(43)

un uniforme et les instrumens nécessaires, lesquels ne peuvent leur appartenir qu'après un an d'exercice.

I X.

Les élèves employés à l'exécution, ne peuvent, sous ce prétexte, interrompre le cours de leurs études.

X.

Les élèves classés aux second et troisième degrés de l'enseignement, sont, pour leur instruction, admis aux répétitions générales des exercices, et aux examens pour la formation du répertoire des exercices.

X I.

Les inspecteurs de l'enseignement désignent chaque année, après l'examen de vendémiaire, les élèves qui se sont distingués dans chaque partie de l'enseignement; l'administration en forme une liste qui est adressée au Directoire exécutif et à l'Institut national des sciences et arts.

X I I.

L'élève qui, après avoir suivi avec succès le cours de l'étude à laquelle il s'était destiné, en a atteint le terme, reçoit de l'administration un certificat d'élève du Conservatoire.

Ce certificat ne peut être délivré que d'après un rapport des inspecteurs de l'enseignement, et doit désigner expressément le genre d'étude qui a été suivi par l'élève dans le Conservatoire.

TITRE XI.

Ordre de l'Étude et Police des Élèves.

ARTICLE PREMIER.

L'enseignement est en activité tous les jours, excepté les quintidis et décadis, consacrés au repos,

La veille, le jour et le lendemain des fêtes nationales,

La veille et le jour des exercices,

Les jours de répétitions générales pour les fêtes nationales.

I I.

Les classes de chaque genre sont ouvertes, de deux jours l'un, aux élèves qui y sont attachés.

I I I.

Le temps employé à l'étude est divisé en deux parties : la première, de huit heures et demie du matin à onze heures ; la deuxième, de midi à deux heures et demie.

I V.

La première division est destinée à l'étude des instrumens à vent et à cordes, sans claviers ; la deuxième est destinée à l'étude du solfége, du chant, de la composition, et des instrumens à claviers.

V.

Les classes de répétitions de tous genres commencent à onze heures du matin, et finissent à une heure; elles se font dans l'ordre suivant : les répétitions d'instrumens à vent, dans l'un des petits théâtres, les duodis et sextidis; celles d'instrumens à cordes, au même théâtre, les tridis et septidis; celles de scène chantée avec accompagnement à grand orchestre, les quartidis et octidis, dans la grande salle du Conservatoire.

V I.

L'époque des cours publics est fixée les sextidis, depuis dix heures du matin jusqu'à midi.

V I I.

Les élèves sont tenus d'être exacts aux heures qui leur sont indiquées pour l'ouverture de leurs classes.

V I I I.

Les professeurs ne reçoivent point les élèves dans leurs classes demi-heure après leur ouverture.

I X.

Les élèves ne peuvent entrer dans le Conservatoire avant l'heure prescrite pour l'ouverture de leurs classes respectives ; ils ne peuvent vaguer dans les cours pendant les heures d'étude, et ils sont tenus de se retirer immédiatement après leurs leçons. Sont exceptés les élèves porteurs d'autorisations spéciales délivrées par l'administration.

(46)
X.

Les classes d'élèves de chaque sexe sont séparées, et il ne doit exister de réunion que pour les répétitions de scène chantée avec ou sans accompagnement d'orchestre.

X I.

Il est établi, dans la partie affectée à l'enseignement des femmes, une salle pour recevoir les parens ou surveillans pendant la durée des leçons.

X I I.

Les délits des élèves contre la police dans le Conservatoire, l'inexactitude à l'étude ou au service ordonné par l'administration, sont punissables par les quatre degrés de peines suivans :

1.° L'inscription sur le registre de police, de la nature du délit et du nom de l'élève par lequel il a été commis ;

2.° L'envoi aux parens ou tuteurs, de l'extrait du registre de police ;

3.° L'affiche dans les cours du Conservatoire, pendant dix jours, de l'extrait du registre de police ;

4.° Le bannissement du Conservatoire. Dans ce dernier cas, l'élève ne peut jamais obtenir le certificat d'élève du Conservatoire.

X I I I.

La manifestation de principes anti-républicains,

la rebellion à l'autorité, et les délits capitaux contre les mœurs, reçoivent immédiatement l'application du quatrième degré.

X I V.

L'administration prononce les peines, selon la nature des délits, d'après le rapport qui lui est fait par le bureau de surveillance.

T I T R E XII.

Congés.

A R T I C L E P R E M I E R.

Sur l'avis des inspecteurs de l'enseignement, l'administration, pour faciliter les recherches utiles à l'art et l'extension des connaissances relatives, est autorisée à accorder aux membres du Conservatoire, compositeurs ou exécutant le solo, des congés, soit pour voyager dans l'intérieur de la République, soit pour aller chez l'étranger.

I I.

L'administration doit régler, selon les circonstances, le nombre et la durée de ces congés; mais, dans aucun cas, il ne peut en être délivré plus de cinq à-la-fois, et leur durée ne peut excéder le terme de six mois.

I I I.

En général, les termes des congés accordés sont

de rigueur; ceux qui, à leur expiration, ne sont pas rendus à leur poste, sont de droit atteints par le règlement.

I V.

Les causes de maladies peuvent seules suspendre l'action du règlement; mais, dans ce cas, la maladie doit être constatée par officiers de santé; et cette attestation, légalisée par les officiers publics du lieu où se trouve le malade, doit être adressée de suite à l'administration.

V.

Les traitemens des membres absens par congés seront perçus, pour leur compte, par l'administration, sur l'acquit de son président.

T I T R E X I I I.

Délits et Peines.

Il y a deux sortes de peines infligeables aux membres du Conservatoire:

1.º Les amendes perçues par retenues sur les appointemens courans, en conséquence des arrêtés de l'administration;

2.º La destitution.

APPLICATION

APPLICATION DES PEINES.

ARTICLE PREMIER.

TITRE I.er *Administration.*

Les membres absens aux séances de l'administration, supportent une amende de   3 journ. d'appoint.

Les membres de l'administration composant le bureau de surveillance qui négligent leur service à ce poste. . . . .   3 *idem.*

I I.

TITRE V. *Exercices.*

L'absence aux répétitions particulières. . . . .   2 *idem.*

L'absence aux répétitions générales. . . . .   6 *idem.*

L'absence à l'appel avant l'exécution. . . . .   2 *idem.*

L'absence pendant l'exécution. .   4 *idem.*

L'absence entière au service des exercices. . . . .   7 *idem.*

La négligence dans l'uniforme ordonné. . . . .   2 *idem.*

Soit dans les répétitions, soit dans l'exécution , la contravention à l'ordre relatif à la nature des instrumens ou tons d'instrumens. . . . .   2 *idem.*

D

Les mêmes dispositions sont relatives aux exa‑
mens pour la formation du répertoire des exercices.

I I I.

Titre VI. *Service des Fêtes nationales.*

L'absence aux répétitions . . . . . 3 journ. d'appoint.

Avant le départ, l'absence à l'appel. 3 *idem.*

L'absence pendant le service. . . . 5 *idem.*

L'absence entière au service. . . . 10 *idem.*

La négligence dans l'uniforme
ordonné. 3 *idem.*

Soit dans les répétitions , soit dans
l'exécution, la contravention à l'ordre
relatif à la nature des instrumens ou
tons d'instrumens. . . . . 2 *idem.*

Ceux qui , sans motifs légitimes ,
manqueront deux fois dans une
année le service des fêtes nationales ,
seront. . . . . destitués.

L'administration statue sur les con‑
traventions aux dispositions des arti‑
cles II et III.

La contravention à l'article IV
entraîne la destitution.

I V.

Titre VII. *Service près le Corps législatif.*

La négligence de la part des chefs
dans la transmission des ordres don‑
nés par l'administration. . . . . 1 journ. d'appoint.

Infraction à l'article V. . . . . 1 *idem.*

(51)

L'absence à l'un des deux appels
prescrits par l'article VI........ 2 journ. d'appoint.

L'absence entière au service... 3 *idem.*

La négligence par les chefs ou
sous-chefs, dans l'exécution de l'article IX...................... 1 *idem.*

Infraction à l'article XI par les
chefs........................ 2 *idem.*

V.

TITRE VIII. *Service de l'enseignement.*

L'absence au service......... 3 journ. d'appoint.

La contravention aux dispositions
prescrites par l'article V, ou l'abus
desdites dispositions.......... 4 *idem.*

Le professeur qui, dans l'espace
d'un mois et sans motifs légitimes,
s'absente quatre fois de son poste... destitué.

Le professeur qui, dans le cours
d'une année, sans motifs légitimes,
se sera absenté douze fois de son
poste.... .... destitué.

T I T R E   X I V.

Régie des amendes, et leur emploi.

A R T I C L E   P R E M I E R.

L'administration convoque, le 25 vendémiaire
de chaque année, une assemblée générale des
membres du Conservatoire.

(52)

I I.

Cette assemblée est présidée par le président de l'administration.

I I I.

Il y est procédé à la nomination d'un dépositaire des amendes : ses fonctions sont annuelles ; il peut être réélu.

I V.

Ce dépositaire perçoit, chaque mois, les retenues sur les appointemens ordonnées par l'administration en conséquence du règlement.

V.

Dans cette assemblée, le dépositaire des amendes rend compte, contradictoirement avec les états de retenues ordonnées par l'administration, des sommes qu'il a perçues pendant l'année.

V I.

Le total des retenues annuelles est versé par le dépositaire, immédiatement après la reddition de ses comptes, dans la caisse de la commission centrale de bienfaisance du département de la Seine.

V I I.

Les pièces justificatives de ce versement sont annexées au compte rendu, et déposées dans les archives du Conservatoire.

Le Commissaire chargé de l'organisation du Conservatoire de Musique, SARRETTE.

LES inspecteurs de l'enseignement du Conservatoire de Musique, après avoir examiné le projet de règlement proposé par le commissaire chargé de l'organisation du Conservatoire, pour être soumis à la sanction du Gouvernement,

En adoptent toutes les dispositions, les considérant d'absolue nécessité pour la mise en activité et le maintien du service dont le Conservatoire est chargé par la Loi du 16 thermidor, an 3.e de la République.

Arrêté en l'administration, Paris, ce 8 ventôse, an 4.e de la République française, une et indivisible.

Les Inspecteurs de l'enseignement, G O S S E C, GRÉTRY, MÉHUL, LESUEUR, CHÉRUBINI.

E X T R A I T des registres du Directoire exécutif, du 15.e jour du mois de messidor, l'an 4.e de la République française, une et indivisible.

LE DIRECTOIRE EXÉCUTIF, d'après le rapport du Ministre de l'intérieur; considérant qu'il est de la plus grande utilité pour les arts, que le Conservatoire de Musique soit sans délai organisé et mis en activité, conformément à la loi du 16 thermidor; après avoir pris connaissance du règlement proposé par le commissaire chargé de l'organisation de cet établissement, et approuvé en séance par les inspecteurs de l'enseignement ; considérant que ce règlement remplit le but de la loi du 16 thermidor, en donnant aux travaux du Conservatoire l'activité nécessaire à l'instruction, et en attachant les inspecteurs, les professeurs et les élèves à leurs devoirs respectifs, ARRÊTE :

ARTICLE PREMIER.

Le règlement proposé par le commissaire chargé de l'organisation du Conservatoire de Musique, et approuvé par les inspecteurs de l'enseignement, aura son plein et entier effet : en conséquence, tous les artistes préposés au Conservatoire de Musique, et les élèves, seront tenus de s'y conformer, sous les peines qui y sont prononcées.

I I.

Le Ministre de l'intérieur est chargé de l'exécution de ce règlement.

Le présent arrêté sera imprimé au Bulletin des lois.

Pour expédition conforme, CARNOT, *président ;* par le Directoire exécutif, *le secrétaire-général,* LAGARDE.

Pour copie conforme :

Le Ministre de l'intérieur, BENEZECH.

Le Directeur général de l'Instruction publique, GINGUENÉ.

Paris, le 25 Thermidor, an 4.ᵉ de la République.

LE MINISTRE de l'Intérieur,

AU COMMISSAIRE chargé de l'organisation du Conservatoire de Musique.

LE Directoire exécutif a arrêté, Citoyen, le 15 messidor, que le règlement proposé par vous, approuvé par les inspecteurs de l'enseignement, et que j'avais soumis à sa sanction, aurait son plein et entier effet ; je vous fais passer copie de cet arrêté, et vous charge de le notifier à tous les artistes préposés au Conservatoire de Musique, ainsi qu'aux élèves, afin qu'ils s'y conforment.

Je vous répéterai, à cette occasion, que ce règlement est une loi pour tous les membres du Conservatoire, depuis les inspecteurs de l'enseignement jusqu'au plus jeune élève ; que personne ne doit se permettre d'y déroger, les devoirs étant les mêmes relativement à chaque fonction. Ceux qui s'intéressent aux progrès de l'art et à la gloire de l'établissement, n'auront pas besoin d'autres moteurs ; ceux qui ne verraient que des emplois et la distinction qu'ils procurent, doivent être rappelés à des principes plus dignes des arts et d'un citoyen.

Sans parler de l'obligation des devoirs, la gloire des maitres et le succès des élèves se composeront du zèle des uns et des autres.

J'attends des inspecteurs du Conservatoire, de l'administration et du commissaire, la plus grande activité dans leur service, et une fermeté de discipline qui maintiendra tout le monde dans l'exercice régulier de ses fonctions.

J'invite l'administration à donner connaissance des intentions du Gouvernement à ce sujet, à tous les membres du Conservatoire.

Salut et fraternité.

BENEZECH.

DISCOURS

Prononcé par le citoyen G O S S E C, doyen d'âge des inspecteurs de l'enseignement du Conservatoire de Musique.

L'ART de la Musique, rendu, par le Gouvernement français, à la dignité dont il fut honoré chez les peuples libres de l'antiquité, doit désormais, comme alors, diriger toute sa puissance vers la gloire nationale et l'utilité publique.

Mes collègues, une honorable carrière est ouverte, et c'est nous qui sommes appelés à la parcourir, nous qui avons su venger notre art avili par le despotisme, en le consacrant aux triomphes de la liberté.

Malgré la volonté du Gouvernement et notre sollicitude, condamnés à l'inaction, nous avons vu s'augmenter d'une année la lacune désastreuse que déterminèrent les circonstances dans l'enseignement de l'une des plus utiles portions de l'instruction publique. Maintenant les entraves disparaissent, et de vastes moyens nous sont offerts : notre devoir est de justifier, par le zèle le plus actif, l'attente du Gouvernement. Il nous prescrit la tâche importante de former une école digne de la puissance du peuple dont il est l'organe : ne doutons pas du succès; nous sommes guidés par l'amour des arts et par celui de notre patrie.

Jeunes élèves, vous qui avez dû gémir de la perte d'un temps précieux à vos études, c'est à vous de seconder, par votre aptitude, les artistes qui vont vous prodiguer leurs soins : livrez-vous en entier à l'art que vous avez embrassé ; que l'espoir de célébrer dignement les actes héroïques dont, chaque jour, les fastes républicains sont formés, anime et dirige votre émulation ! vous illustrerez votre pays ; la gloire de l'école française sera la récompense de vos maîtres.

Citoyen Ministre, dont la volonté , sous les auspices du Gouvernement républicain , tend aux progrès des sciences utiles , recevez du Conservatoire de Musique l'assurance que son zèle répondra au vœu de son institution : hâtez-vous d'activer le complément du système de son organisation ; les amis des arts attendent tout de la puissance nationale. Vous seul pouvez, dirigeant ses moyens , assurer les heureux résultats que la République doit obtenir d'un établissement conçu pour sa gloire: que par votre sollicitude , l'égide protectrice d'un Gouvernement éclairé seconde nos travaux ; et nous atteindrons ce but important.

GOSSEC.

A PARIS, DE L'IMPRIMERIE DE LA RÉPUBLIQUE, Brumaire an V.